TABLA DE CONTENIDO

Las palabras en **negritas** están en el glosario.

CONOCE A PIE GRANDE

¿Qué camina sobre dos pies, ama los árboles y huele mal? ¡Pie Grande! Podría ser el **críptido** más famoso del mundo. Los personajes de Pie Grande han protagonizado películas y programas de televisión. Pie Grande incluso tiene su propio parque temático. Pero la bestia peluda tiene una vida secreta que no verás en la pantalla.

DATO

Los críptidos son animales que pueden vivir en estado salvaje. Pero no hay pruebas que lo confirmen. Algunos, como el calamar gigante, han resultado ser reales.

LA VIDA SECRETA DE
PIE GRANDE

de Megan Cooley Peterson

CAPSTONE PRESS
a capstone imprint

Publicado por Capstone Press, una impresión de Capstone
1710 Roe Crest Drive, North Mankato, Minnesota 56003
capstonepub.com

Los datos de catalogación previos a la publicación se encuentran disponibles
en el sitio web de la Biblioteca del Congreso
ISBN 9798875236297 (tapa dura)
ISBN 9798875236242 (tapa blanda)
ISBN 9798875236259 (PDF libro electrónico)

Créditos editoriales
Editora: Abby Huff
Diseñadora: Heidi Thompson
Investigadoras de medios: Jo Miller
Especialista en producción: Tori Abraham

Resumen: Hay muchas historias sobre una misteriosa criatura peluda conocida como
Pie Grande. Los lectores pueden explorar la sorprendente historia detrás de este
legendario críptido del bosque.

Créditos fotográficos
Alamy: John Zada, 11, Steve Lillie, 23 (Yowie), The History Collection, 10, United
Archives GmbH, 13; Bridgeman Images: Look and Learn / Elgar Collection, 25;
Getty Images: Bettmann, 27, KLH49, 24, RichLegg, 29, yio, 20; Shutterstock: Daniel
Eskridge, 23 (Yeti), Dreamframer, 20, Giraphics, 15, guidopiano, 5, Ikrill, 7 (flashlight),
JudeAnd, 19, Kenishirotie, 10 (lightbulb), Lifestyle Travel Photo, 12 (brush), Marina
Zezelina, 14, Melody A, 28 (glasses), Savvapanf Photo, 12 (fur), SFerdon, Cover
(Bigfoot), Shad Selby, 9, simplevect, Cover, 1 (trees), 7, 28 (Bigfoot silhouette),
SlipFloat, footprint, 4, 7, 8, 10, 18, 26, 28, slowmotiongli, 17 elemento de diseño:
Shutterstock: Kues, Net Vector

Printed and bound in China 6276

¿SERÁS EL MEJOR AMIGO O AMIGA DE PIE GRANDE?

¿Crees que lo sabes todo sobre Pie Grande?

Acerca del críptido, ¿sabes lo siguiente?:

1. ¿Su altura?

2. ¿Su hogar?

3. ¿Su mayor miedo?

4. ¿Su nombre en Canadá?

BONO: ¿Qué presidente de los EE. UU. escribió sobre un avistamiento de Pie Grande?

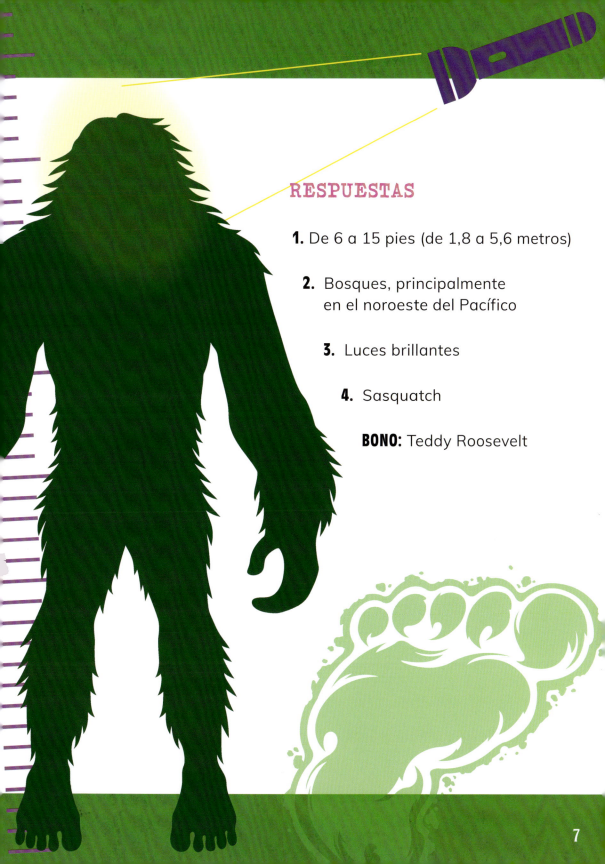

RESPUESTAS

1. De 6 a 15 pies (de 1,8 a 5,6 metros)

2. Bosques, principalmente en el noroeste del Pacífico

3. Luces brillantes

4. Sasquatch

BONO: Teddy Roosevelt

VAYA, QUÉ PIES TAN GRANDES TIENES

Es bueno que Pie Grande no use zapatos. ¡Ninguna tienda tiene zapatos lo suficientemente grandes para que le quepan! Los pies peludos de Pie Grande crecen hasta 24 pulgadas (61 centímetros) de largo. Cada pie tiene cinco dedos. Se parecen mucho a los pies humanos. ¡Pero mucho más grandes!

DATO

En 1958, un periódico de California fue el primero en usar el nombre Pie Grande.

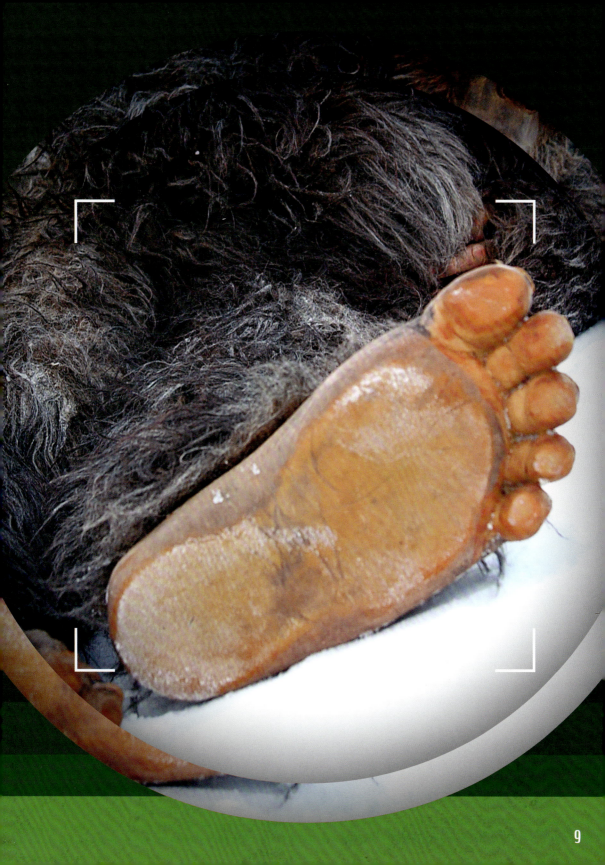

PRIMERAS HUELLAS

Pie Grande vivió en secreto hasta 1811. Entonces, el **explorador** David Thompson encontró las primeras huellas de Pie Grande en Canadá. Tenían 14 pulgadas (36 centímetros) de largo. Las huellas mostraban garras afiladas.

Las huellas eran muy extrañas. ¡Algo debe estar ocurriendo!

Desde entonces, los fanáticos de Pie Grande han encontrado cientos de huellas. La gente hace **moldes** de ellas. Es casi como conseguir el autógrafo del críptido.

moldes de huellas de Pie Grande

UN HEDOR COMO NINGÚN OTRO

¿Qué pasa con los pies peludos que nunca se lavan? ¡Apestan! El cuerpo de Pie Grande tiene un olor desagradable. Algunas personas dicen que huele como una axila sucia.

En 1976, un hombre encontró lo que pensó que era pelo de Pie Grande. El **FBI** lo analizó. Resulta que el pelo era de un venado. ¡Suponemos que el hombre debería haber olido el pelo primero!

HOGAR, DULCE HOGAR

Si visitas Canadá o el noroeste de los Estados Unidos, lleva una cámara. ¡Puede que veas a Pie Grande! Esta **criatura** peluda vive en los bosques. El clima en el norte es frío. Pero Pie Grande no necesita una chaqueta. Su espeso pelaje lo mantiene caliente.

LOS DIEZ MAYORES CON PIE GRANDE

Estos estados de EE. UU. tienen la mayor cantidad de avistamientos de Pie Grande reportados en el mundo.

Oregón
258

Washington
704

Illinois
302

Ohio
318

Míchigan
227

California
458

Misuri
165

Texas
252

Colorado
130

Florida
335

DULCES SUEÑOS

¿Dónde descansa Pie Grande su cabeza peluda? Algunas personas creen que construye un nido para dormir.

Muchos coinciden en que Pie Grande es una especie de **simio**. Otros simios duermen en nidos. Los hacen en el suelo con ramitas y hojas. Puede ser que Pie Grande copie a sus amigos simios cuando es hora de dormir.

DATO
Más de un Pie Grande se llaman Pie Grandes.

un nido construido por un gorila, una especie de simio

¿PODEMOS HABLAR?

Toc, toc. ¿Quién es? ¡Pie Grande! Los Pie Grandes se envían mensajes entre sí golpeando árboles y rocas. ¡Piensa en eso si alguna vez escuchas un golpe en el bosque!

Estos críptidos incluso tienen su propio lenguaje. Pero no usan palabras. En vez de eso, los Pie Grandes gruñen, gritan y silban.

¡SKRIIIIIII!

GRABADO EN EL ACTO

Un Pie Grande hablador fue grabado en la década de 1970. La gente llevó un micrófono a las montañas de Sierra Nevada en California. Grabaron gruñidos y aullidos. Algunas personas creen que era Pie Grande hablando. ¿O eran otros ruidos de animales?

DATO
Las grabaciones de Sierra Sounds tienen una duración de 90 minutos.

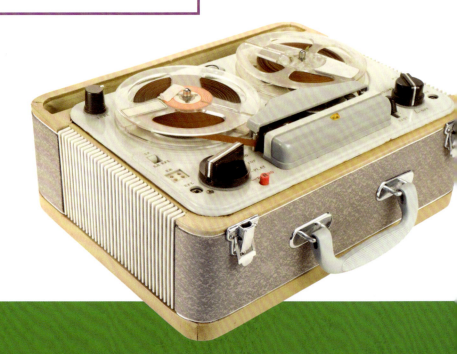

LA FAMILIA PIE GRANDE

Pie Grande tiene familia en todo el mundo. La gente ha visto otros críptidos peludos parecidos a los humanos fuera de Norteamérica. Los yetis viven en las frías montañas de Asia. Tienen un pelaje espeso.

También se puede encontrar a la familia Pie Grande en lugares cálidos. El Yowie vive en Australia. Tiene brazos y pelo largos. El peludo Orang Pendek de Indonesia tiene una cara como la de un ser humano.

EL HOMBRE PELUDO

Los pueblos nativos tienen **leyendas** de un animal que se parece mucho a Pie Grande. Los yokuts de California cuentan historias sobre el Hombre Peludo.

Esta criatura vive en las montañas. Camina sobre dos piernas y mide 8,5 pies (2,6 metros) de alto. ¿El Hombre Peludo y Pie Grande son lo mismo?

¡¿Quién te crees que eres tú?!

¡¿Quién te crees que eres *tú?!*

Se cree que esta pintura rupestre que muestra al Hombre Peludo tiene entre 500 y 1000 años de antigüedad.

¿LUCES, CÁMARA, PIE GRANDE?

¿Pie Grande quiere ser estrella de cine? ¡Algunos dicen que ya lo es! En 1967, Roger Patterson y Bob Gimlin estaban montando a caballo en un bosque de California. Tenían la cámara grabando. De repente, vieron algo. Una criatura peluda pasó caminando. Miró a la cámara. ¿Era Pie Grande?

La película de Patterson-Gimlin se hizo famosa.
La gente decía que mostraba que Pie Grande era
real. Otros decían que mostraba a un hombre
disfrazado. Pero nadie ha demostrado que la
película fuera falsa.

¿Encontraron los hombres a Pie Grande ese día?
¿O este críptido sigue viviendo una vida secreta?

GLOSARIO

criatura (cria-TU-ra): un animal extraño

críptido (CRÍP-ti-do): un animal cuya realidad no ha sido probada por la ciencia

explorador (ex-plo-RA-dor): una persona que va a un lugar desconocido

FBI: un grupo que resuelve crímenes; FBI son las siglas en inglés del Buró Federal de Investigaciones

leyenda (le-YEN-da): una historia que se transmite a través de los años que puede o no ser completamente cierta

molde (MOL-de): un objeto hecho al verter material blando en una forma u otro espacio vacío, como una huella; luego el material se endurece para poder sacarlo

simio (SI-mio): un primate grande sin cola; los gorilas, los orangutanes y los chimpancés son tipos de simios

SOBRE LA AUTORA

Megan Cooley Peterson ha sido una ávida lectora y escritora desde que era niña. Ha escrito libros infantiles de no ficción sobre temas que abarcan desde leyendas urbanas hasta datos asquerosos sobre animales. Vive en Minnesota con su esposo, su hija y su adorable gatito.

ÍNDICE